L'ARBITRE,

OU

LES SÉDUCTIONS,

COMÉDIE-VAUDEVILLE EN DEUX ACTES,

Par MM. THÉAULON et PAULIN;

Représentée pour la première fois à Paris sur le Théâtre de MADAME,
par les Comédiens ordinaires de S. A. R., le 7 Mai 1827.

PARIS,

CHEZ BARBA, ÉDITEUR,

COUR DES FONTAINES, N° 7;

ET AU MAGASIN DE PIÈCES DE THÉATRE,

DERRIÈRE LE THÉATRE FRANÇAIS, N. 51.

1827.

PERSONNAGES	ACTEURS.
Le Comte de SAINT-ALVE, Colonel en retraite............................	M. GONTIER.
Le Baron DESORMES, riche Propriétaire	M. FERVILLE.
ALFRED D'HÉRIGNY, son parent.....	M. PAUL.
Le Président de MONGLAVE............	M. DORMEUIL.
ADRIEN, Cousin et Secrétaire du Colonel	Mⁱˡᵉ DÉJAZET.
La Baronne de WOLF, jeune veuve.....	Mᵐᵉ GRÉVEDON.
La Comtesse D'ERLI, sa Sœur, jeune veuve..........................	Mᵐᵉ THÉODORE.
CAROLINE, Sœur du Colonel.........	Mⁱˡᵉ LÉONTINE FAY.
UN DOMESTIQUE DU COLONEL.	
UN DOMESTIQUE DE Mᵐᵉ WOLF.	

La scène est dans un département du Nord.

S'adresser, pour les airs et la musique de cette pièce, et de celles de tous les ouvrages représentés sur le théâtre de MADAME, à M. THÉODORE, Bibliothécaire et Copiste, au théâtre.

IMPRIMERIE DE DAVID,
BOULEVART POISSONNIÈRE, Nº 6.

L'ARBITRE,

ou

LES SÉDUCTIONS,

COMÉDIE-VAUDEVILLE EN DEUX ACTES.

Acte Premier.

*Le théâtre représente un joli salon de campagne ;
porte au fond ; deux portes latérales ; sur le devant de la scène, à droite de l'acteur, une grande
table servant de bureau.*

SCÈNE PREMIÈRE.

CAROLINE, *seule, regardant par une croisée.*

Voyez s'ils viendront !.. à la ville, les jeunes gens
délaissent les demoiselles pour jouer à l'écarté ; à la campagne, c'est pour aller à la chasse. Il faut en convenir,
la chasse a quelquefois du bon ; c'est en chassant que
mon frère a rencontré M. Alfred d'Hérigny... la seule connaissance, après le vieux marquis de Rhétel, notre voisin,
que nous ayons encore aux environs du château où mon
frère a voulu venir se fixer. Quelle bizarre idée !.. quitter
Paris pour habiter le département des Ardennes.. et me
forcer à partager son amour pour la retraite !.. J'ai cru
d'abord que jamais je ne me ferais à cette solitude... et
depuis quelque temps, depuis que mon frère a rencontré
M. Alfred, je ne sais pourquoi, mais ce château ne me
paraît plus aussi triste !

Air : *de Lantara.*

De ces bois l'immense étendue
Et leur ténébreuse épaisseur ,
En attristant ici ma vue
Autrefois affligeait mon cœur.
Mais à présent, dans mon vague délire ,
J'aime à revoir ces bois silencieux ;
Je les contemple , et plus mon cœur soupire ,
Plus ce désert s'embellit à mes yeux.

Ces forêts sont celles où chasse mon frère; M. Alfred
est avec lui , et je ne les vois point paraître.

SCÈNE II.

CAROLINE, ADRIEN.

ADRIEN , *à la cantonnade.*

Oui, mes amis, déballez tout cela avec le plus grand
soin , les plus grandes précautions.

CAROLINE.

C'est la voix d'Adrien !

ADRIEN, *entrant.*

Bonjour, ma cousine ! enchanté de vous voir en bonne
santé... et toujours plus charmante. On croirait que vous
n'êtes venue dans cette terre que par coquetterie.

CAROLINE.

Vous trouvez , mon cousin ! Que nous appportez-vous
donc ?

ADRIEN.

J'apporte ce qui console des travaux, charme les loisirs,
échauffe le sentiment , découvre toutes les vérités.

CAROLINE.

J'y suis !.. la bibliothèque de mon frère.

ADRIEN.

Du tout.... C'est notre cave de Paris. Vous savez que
j'étais allé à la ville voisine pour attendre l'expédition
qu'on nous avait faite des deux articles, l'un relié et l'autre
cacheté, mais je ne sais comment ça se fait... dans notre
siècle, la littérature est toujours en retard ; le vin est
arrivé, et les livres ne sont pas venus.. j'aime autant ça,

moi!.. Convenez, ma cousine, que le colonel Saint-Alv[e] a eu la plus heureuse idée en me retirant de mon étud[e] d'avoué, pour faire de moi son secrétaire, son factotum, son intendant, pour ainsi dire; et il ne s'en est pas ma[l] trouvé.. Car vous savez comme je fais marcher la maison. C'est qu'on s'entend aux affaires!

CAROLINE.

Je sais que vous êtes un jeune homme fort intelligent.

ADRIEN.

Et quel ordre? heim!.. ce n'est pas pour me vanter, mais ça me fait honneur!.. Ah! ça, où est-il donc mon cousin pour que je lui rende compte de ma mission? Je gage qu'il est dans son cabinet à se casser la tête... Je lui avais bien dit : «Tu ne sais pas, mon cousin, à quoi » tu t'exposes, en acceptant les nobles fonctions d'arbitre.» Voyez-vous, ma cousine, c'est fort bien d'être obligeant; mais il faut tâcher de ne pas se gêner pour les autres.. il y a tant de gens qui n'en valent pas la peine.

CAROLINE.

Mon cousin, expliquez-moi ce que c'est qu'un arbitre. Vous devez le savoir, vous qui avez été dans le palais.

ADRIEN.

Un arbitre, ma cousine, article 57 du code civil, est un juge que la loi permet de se choisir, et qui juge en première instance ou en dernier ressort... selon les conventions des parties. Ainsi le jugement que mon cousin va rendre dans l'affaire Desormes, sera décisif et définitif; attendu, article 267 du code, que le demandeur et le défendeur ont consenti, par un acte légal, à s'en rapporter à son arrêt, sans recours d'appel... C'est ce que nous appelons, nous autres gens de robe, *un arbitre souverain.*

CAROLINE.

Oh! que voilà une belle science, mon cousin.. Mais alors il me paraît très-honorable pour mon frère d'avoir été nommé *arbitre souverain* dans cette affaire.

ADRIEN.

Honorable... je ne dis pas non.. c'est une justice qu'on a rendue à sa loyauté, à sa probité; mais où ça le conduira-t-il? comme je vous disais, à lui faire des ennemis dans le pays ; et les ennemis, ça vient toujours assez vîte. D'ailleurs les deux familles qui plaident sont puissantes dans le département ; le baron Desormes est un vieux corsaire qui est rancunier en diable, et sa partie adverse, la comtesse d'Erli, est adorée à dix lieues à la ronde.

CAROLINE.

On dit que c'est une femme charmante.

ADRIEN.

Vingt-cinq ans... et belle !.. belle comme vous, ma cousine. Hum ! si j'étais l'arbitre..

CAROLINE.

Et la justice, monsieur ?

ADRIEN.

Ah ! la justice... c'est juste. Mais voyez-vous, ma cousine, une jolie femme ne doit pas avoir tort, et voilà pourquoi dans le pays tout le monde est pour la jeune comtesse.

CAROLINE.

Pour moi je n'ai jamais rien compris à ce malheureux procès.

ADRIEN.

Il est pourtant bien clair le procès.. et c'est ce qui fait que la justice n'y comprend rien... S'il était bien embrouillé, ça serait jugé tout de suite; voilà comme nous sommes nous autre gens du palais.. Or, voici toute la question.. Il paraît qu'en 1786 ou 1787, avant la révolution (je n'y étais pas encore, ni vous non plus, ma cousine); il paraît, dis-je, qu'à cette époque, le baron Désormes, le père de celui qui plaide aujourd'hui, prévoyant qu'il serait obligé de quitter la France, fit une vente simulée de ses domaines et de ses terres au comte d'Erli, son parent, qui n'avait pas, à ce qu'il paraît, les mêmes opinions, et par-conséquent les mêmes craintes que lui... Le comte d'Erli, père du mari de la jeune comtesse qui est si intéressante, fit une contre-lettre au vieux baron ; et c'est cette contre-lettre, trouvée à la mort de celui-ci dans ses papiers, qui fait aujourd'hui le procès.

CAROLINE.

C'est donc sur la validité de ce titre que mon frère est
appelé à prononcer.

ADRIEN.

Voilà précisément l'affaire... nous nous formons, ma
cousine. *Validité!* c'est le mot technique.. Mais pardon,
ma cousine; je vous parle là chicane, comme si vous
y compreniez quelque chose... il est vrai que ça vous tient
compagnie... je crois pourtant que je puis m'en aller....
Voici quelqu'un qui ne vous parlera pas procès.

CAROLINE.

Qui donc, mon cousin?

ADRIEN.

Qui?

AIR: *Allons réveiller tout le monde.*

Vous me le demandez, ma chère,
Mais alors pourquoi donc rougir?
Tenez, vous n'êtes pas sincère,
Et comme moi, vous l'avez vu venir.

CAROLINE, *embarrassée.*

J'ignore, monsieur, à quel titre
Monsieur Alfred...

ADRIEN.

Si vous plaidez jamais,
Faites-le choisir pour arbitre,
Vous gagnerez votre procès.

CAROLINE.

Monsieur, je n'ai pas de colère,
Et pourquoi devrais-je rougir?
Alfred est l'ami de mon frère,
Et dans ces lieux il peut toujours venir.

ADRIEN.

Calmez, calmez votre colère,
Ma cousine, à quoi bon rougir?
Non, non vous n'êtes pas sincère,
Et comme moi vous l'avez vu venir.

ENSEMBLE.

(*Il sort.*)

SCÈNE III.

CAROLINE, ALFRED, *en costume élégant de chasseur.*

CAROLINE.

C'est vous, monsieur Alfred! et mon frère?...

ALFRED.

Je ne veux pas vous tromper, mademoiselle ; je l'ai laissé dans le bois poursuivant le gibier, avec une ardeur qui ne paraît pas prête à s'éteindre, et j'ai pris un chemin détourné, pour venir vous demander un instant d'entretien.

CAROLINE.

A moi, monsieur Alfred !

ALFRED.

Oui, mademoiselle ; ma position est singulière, embarrassante même, mon bonheur est de vivre près de vous, près de votre frère, et l'honneur semble me faire une loi de vous fuir tous les deux, non pour moi, mais pour Saint-Alve... mais pour vous.

CAROLINE.

Expliquez-moi ce mystère...

ALFRED.

Si j'allais perdre votre amitié... celle de votre frère...

CAROLINE, *vivement.*

Oh ! jamais, monsieur Alfred !... mon frère a pour vous trop d'estime... Mais de grâce... je suis si curieuse de mon naturel...

ALFRED.

L'amitié qui m'unit à Saint-Alve ne date que d'un mois... et il me semble que je ne l'ai jamais quitté... Je me figure qu'il fut toujours mon guide, mon ami, mon frère... Mais maintenant puis-je continuer à vous voir ? m'est-il permis de suivre les pas de Saint-Alve, dans ces campagnes, sans l'exposer à voir planer sur sa tête des soupçons ?...

CAROLINE.

Que voulez-vous dire ?

ALFRED.

Ce procès dans lequel votre frère est choisi pour arbitre.

CAROLINE.

Eh ! bien !...

ALFRED.

C'est celui de ma famille... C'est le mien... Alfred d'Hérigny est le neveu... l'héritier de la comtesse d'Erli...

CAROLINE.

Qu'entends-je ?

ALFRED.

Vous concevez tout ce que ma situation a de cruel! Maintenant, je ne puis vivre sans vous voir, et cependant, si mes visites continuent... et que le monde vienne à les connaître... ne dira-t-on pas que je n'ai recherché l'amitié de Saint-Alve et la vôtre que pour influencer son jugement? et si le hasard voulait qu'il prononçât en notre faveur... jugez, Caroline, jusqu'où pourrait aller la calomnie!... Cette pensée m'occupe, me tourmente, et j'attendais avec impatience le moment de vous demander un généreux conseil.

CAROLINE.

Un conseil! à moi..

ALFRED.

Air : *Faut l'oublier.*

Conseillez-moi, je vous en prie,
Dans un danger aussi pressant....
Faut-il s'éloigner à l'instant?
Faut-il demeurer pour la vie?...
Votre conseil sera ma loi.
Qu'un seul mot près de vous m'arrête.
Mais s'il faut vous fuir! ah! je croi
Que je n'en ferai qu'à ma tête!....
Conseillez-moi! (*bis*).

CAROLINE.

Mais savez-vous que tout cela est fort embarrassant?

ALFRED.

Maudit procès!.. je donnerais la moitié de ce que je possède pour le perdre.. car, n'est-il pas possible que Saint-Alve, après avoir prononcé en faveur de ma tante, ne veuille plus m'accorder votre main, de peur qu'on ne le soupçonne d'un intérêt personnel?

CAROLINE.

Vous me faites trembler!

ALFRED.

Vous verrez que je serai assez malheureux pour gagner! ah! du moins qu'un seul mot me rassure, et quoi qu'il puisse arriver, Caroline, dites-moi que votre cœur... (*Il lui prend la main.*)

LE BARON, *entrant.*

Ah! fort bien, monsieur Alfred!

CAROLINE, *effrayée.*

Oh! mon Dieu! (*Elle se sauve.*)

SCÈNE IV.

ALFRED, LE BARON DÉSORMES.

ALFRED, *embarrassé.*

C'est vous, mon cousin?

LE BARON.

Mon cousin!. mon cousin!. c'est selon, monsieur, car vous conviendrez que je vous trouve chez notre arbitre dans une situation un peu équivoque.

ALFRED.

Comment.. vous pourriez soupçonner!

LE BARON.

Mais, dame!.. mettez-vous à place!.

ALFRED.

Je ne m'occupais guère de procès, puisque j'étais avec une personne.

LE BARON.

La belle preuve!.. comme si l'on ne savait pas que pour avoir du crédit auprès de bien des gens, la meilleure manière était de faire la cour à leur maîtresse, et quelquefois même.. c'est une horreur, mais ça fait partie des mœurs du jour.. au surplus, il m'est bien permis de me tenir sur le qui vive contre les démarches de ma chère famille. Elle est un peu intrigante votre branche; vous avez surtout votre tante, madame de Wolf..... ce n'est pas pour rien qu'elle est la veuve d'un ministre de Westphalie.. elle a tout le génie d'un diplomate allemand!

ALFRED.

Ça ne doit pas vous inquiéter..

LE BARON.

Si fait.. parce qu'elle a en même tems toute l'adresse d'une coquette française. Enfin il faut que j'éclaircisse cette aventure avec M. de Saint-Alve, car il n'est pas naturel que je vous trouve chez lui.

ALFRED.

Pourquoi non? Vous y venez bien.

LE BARON.

C'est-à-dire, j'y viens.. c'est vrai.. puisque j'y suis; mais je n'y suis pas en tête-à-tête avec sa sœur; et puis on sait que le baron Désormes est incapable.. mon caractère est connu, et sans ce malheureux procès..

ALFRED.

Tâchez donc de le gagner, mon cousin, je vous en prie; vous me rendrez un service important.

LE BARON.

Comment l'entendez-vous?

ALFRED.

Mon cousin, avez-vous connu l'amour?

LE BARON.

Oui, autrefois, à l'armée de Condé.. après...

ALFRED.

Eh bien! vous devez me comprendre.. La sœur de Saint-Alve m'est plus chère que tous les trésors du monde.. mais le colonel ignore encore que je suis intéressé dans ce fatal procès.. il l'ignorera jusqu'à sa décision.. de grâce, ne lui en parlez pas... il y va de mon bonheur; et quant au procès, tâchez de persuader M. de Saint-Alve, voyez-le, dites-lui tout ce qui peut le déterminer en votre faveur... exposez-lui vos raisons.

AIR : *des Amazones.*

Montrez ici toute votre éloquence;
Emparez-vous, cousin, de son esprit;
Gagnez enfin.... c'est ma seule espérance;
A mon bonheur Caroline suffit;
Si vous perdez, tout mon bonheur finit.
Entre nous deux, votre cause est mauvaise;
Mais c'est égal, pour l'emporter sur nous,
Parlez, cousin, parlez tout à votre aise,
Si je l'osais, je parlerais pour vous....
Oui, cousin, je parlerais pour vous.

SCÈNE V.

LE BARON, *seul.*

Hum! ce langage n'est pas naturel; il y a là dessous quelque mystère !.. Morbleu! il est bien heureux que je plaide contre lui, sans cela j'avertirais mon juge.. Mais non.. je ne le dois pas.. d'ailleurs je n'ai rien à craindre.. M. de Saint-Alve a une réputation de probité si bien établie.. Je ne sais même si la démarche que je fais aujourd'hui n'est pas de nature à le blesser. S'il allait s'imaginer que je cherche à le surprendre. Pourtant je ne viens que pour lui apporter une pièce importante, dont je n'ai pu me procurer plutôt l'expédition; c'est bien simple cela.. ça ne ressemble guère à de l'intrigue.... n'importe, Alfred me conseille de m'insinuer dans la faveur de M. de Saint-Alve; il faut se méfier des conseils de ses ennemis... Je ferai mieux de mettre cette pièce sous enveloppe et de m'en aller. Oui, l'idée est excellente... Cela me dispensera de le voir. (*Il se met à une table pour écrire.*) Il n'est plus temps; je crois que le voici. (*Il se met à l'écart.*)

SCÈNE VI.

LE BARON, SAINT-ALVE, *en chasseur.*

SAINT-ALVE, *à un de ses gens qui le débarrasse de son équipage de chasse.*

Baptiste, vous préparerez pour ce soir mon grand équipage de chasse... Notre voisin, le marquis de Rhétel, nous donne cette nuit, dans son parc, une chasse aux flambeaux, et je ne veux pas y manquer.. Avertissez ma sœur que je suis de retour.

LE BARON, *à part.*

Quel intrépide chasseur!

SAINT-ALVE.

Il est charmant, M. Alfred, il me laisse au milieu des bois, il me lance, pour ainsi dire sur la trace du gibier, et se croyant bien caché par un épais taillis, il se rend en toute hâte au château, près de ma sœur... Le pauvre garçon! J'ai ri de bon cœur en le voyant se donner tant de peine pour ne pas être aperçu... Oh! ces amoureux.. Je me demande souvent si, de mon temps, j'étais aussi ridicule; et cela me rend tout honteux de le penser. (*Apercevant le baron.*) Mais quel est ce monsieur?

LE BARON

Monsieur, je suis le baron Désormes.

SAINT-ALVE.

(*A part.*) Le baron du procès! (*Haut.*) C'est bien aimable à vous, mon cher voisin, de me faire une pareille surprise. (*Il veut avancer un fauteuil.*)

LE BARON.

C'est inutile, monsieur, je n'ai qu'un mot à vous dire.

SAINT-ALVE, *à part.*

C'est cela! le procès.. mais j'empêcherai bien.. (*Haut.*) Comment donc? vous n'êtes pas si pressé.. Auriez-vous des affaires, par hasard? Ah! je vous plaindrais.. Pour moi, je n'en veux pas seulement entendre parler. Vive le plaisir, surtout à la campagne! Je vais, je viens, je cours du matin au soir, je m'amuse de tout, et je ne m'occupe de rien.

LE BARON, *à part.*

Comme c'est agréable de s'entendre dire cela par son juge!

SAINT-ALVE.

Il faut se distraire... La vie est si courte.

LE BARON.

Et en revanche les procès sont si longs.

SAINT-ALVE.

Ah! c'est vrai... Mon voisin! on dit que vous plaidez depuis dix ans.

LE BARON.

Dame! je crois que vous devez en savoir quelque chose.

SAINT-ALVE, *à part.*

Il n'en démordra pas... (*Haut.*) Eh bien, c'est précisément où j'en voulais venir. Puisque vous plaidez...

LE BARON, *à part.*

Ah !

SAINT-ALVE.

Vous avez encore plus besoin de distraction qu'un autre.
Avez-vous de jolis chevaux ?

LE BARON, *à part.*

Quelle question ! (*Haut.*) Monsieur...

SAINT-ALVE.

Vous verrez les miens., j'espère que vous en serez con-
tent... J'ai entr'autres une petite jument isabelle, que
j'ai ramenée d'Andalousie; une bête précieuse... On ne
peut pas se faire une idée de sa légèreté. C'est au point
que moi, qui suis assez bon cavalier, souvent je ne peux
pas venir à bout de la suivre, et tenez, l'autre jour encore elle m'a laissé plus de vingt pas en arrière... sur le
sable... Avec ça que je ne me dépêche jamais beaucoup.

LE BARON.

C'est ce qu'il me paraît...

SAINT-ALVÉ.

Eh ! mon Dieu ! n'arrive-t-on pas toujours assez vîte ?

LE BARON, *à part.*

Décidément, c'est un cerveau timbré. (*A Saint-Alve.*)
Permettez-moi, monsieur, de vous expliquer le motif de
ma visite.

SAINT-ALVE, *àpart.*

Ah ! l'y voilà.

LE BARON.

Vous êtes arbitre dans une affaire où je suis partie inté-
ressée.

SAINT-ALVE, *à part.*

Il n'y a pas eu moyen d'éviter l'abordage !

LE BARON.

En conséquence, je vous apportais une pièce importante, que je viens de me procurer.

SAINT-ALVE, *comme un homme qui se ressouvient confu-
sément.*

Ah ! oui... oui... un procès, une terre, n'est-ce pas ?...
Je sais... Je sais... je sais très-bien...

LE BARON.

C'est heuréux !

SAINT-ALVE.

Une pièce importante, dites-vous... C'est bon... (*Il prend le papier des mains du baron et le met dans sa poche.*) J'examinerai tout cela un de ces jours, au retour de la chasse.

LE BARON.

Il paraît que monsieur aime beaucoup cet exercice-là.

SAINT-ALVE.

A la fureur, mon cher voisin. C'est le premier de tous les exercices ; voyez-vous, quand on a battu un pays en tout sens, on éprouve au retour une bonne fatigue qui vous procure le sommeil le plus paisible, pour toute la nuit...

LE BARON, *à part.*

Un sommeil profond!... Il chasse le jour! il dort la nuit! quand me jugera-t-il? Oh! je n'y tiens plus!... (*Haut avec dépit.*) Monsieur!

SAINT-ALVE.

Mon voisin...

LE BARON.

Puisque vous avez tant de passion pour la chasse, si vous voulez venir chasser sur le domaine en litige, dont j'ai la jouissance provisoire, cela vous aidera peut-être à faire connaissance avec l'affaire sur laquelle nous attendons impatiemment votre arrêt.

SAINT-ALVE, *à part.*

Ah! ah! de l'épigramme. (*D'un ton froid, et avec dignité.*) Mille remercîmens, monsieur, mais je n'ai pas pour habitude de chasser sur une terre (*avec intention*) dont le propriétaire ne m'est pas encore connu.

LE BARON, *à part.*

Ah ça! est-ce qu'il a cru que c'était pour tout de bon? (*Haut.*) Entendons-nous, monsieur, ce n'était pas pour vous faire une offre....

SAINT-ALVE, *avec une politesse ironique.*

J'en suis persuadé, monsieur le baron!... comment donc, c'est moi qui vous dois des excuses! je vous aurai fatigué de ma conversation... Vous veniez pour me parler de procès ; je ne vous ai parlé que de chasse... que vou-

lez-vous? Chacun est sous l'influence de ce qui le préoc-
cupe... et pour moi, je l'avoue... je me laisse difficilement
influencer!

LE BARON, *à part.*

C'est ça... Il se figure encore... Allons-nous-en... je fi-
nirais par me mettre en colère... Quel arbitre! comment
sera-t-il en état de distinguer mon bon droit, si quand on
se moque de lui, il prend ça pour une tentative de corruption? (*Haut.*) Monsieur, j'ai bien l'honneur... (*Il sort.*)

SAINT-ALVE, *le reconduisant.*

Tout l'honneur est pour moi, monsieur le baron.

SCÈNE VII.

SAINT-ALVE, *seul; il s'assied auprès de la table.*

Il est furieux... mais au fond il a raison; voici déjà long-
temps que cette affaire m'est soumise, et un plaideur de
dix ans a bien le droit d'être un peu pressé... Je me suis
pourtant occupé de ce procès plus qu'on ne croit... Que
de fois, sous prétexte de forcer le gibier dans ses derniers
retranchemens, ne me suis-je pas avancé jusques sur les
limites du domaine Désormes? Là j'ai interrogé les vieux
paysans de ces campagnes sur le château et ses proprié-
taires; tous m'ont représenté le vieux baron comme un ori-
ginal, un homme loyal, mais bizarre; et dans les environs,
il n'est pas un seul individu qui ne m'ait parlé des bien-
faits et des vertus de la jeune comtesse d'Erli, avec un
attendrissement que je partage quelquefois... Puis-je m'en
étonner? Ces vertus, ces qualités qu'on admire en elle, me
retracent celles d'une autre femme....

AIR : *Simple soldat, né d'obscurs laboureurs.*

Pour m'étourdir sur mes ennuis secrets,
C'est vainement que j'ai couru le monde;
C'est vainement de ces sombres forêts
Que j'ai cherché la retraite profonde.
Tout mon espoir est superflu,
A mon âme tout la rappelle :
Moi l'oublier !.... comment l'aurais-je pu?
Quand j'entends parler de vertu,
Je crois entendre parler d'elle.

SCÈNE VIII.

SAINT-ALVE, CAROLINE.

CAROLINE.

Ah ! vous voilà enfin, monsieur... C'est bien heureux.

SAINT-ALVE.

Bonjour, ma sœur ! (*Il l'embrasse.*) Tu as dû bien
t'ennuyer aujourd'hui.

CAROLINE.

Oui, d'abord ; mais ensuite Alfred est venu...

SAINT-ALVE.

Ah ! il est venu.. je le savais.

CAROLINE.

Tu le savais ?

SAINT-ALVE.

Oui, mais il ne me l'a pas dit ; je conçois du reste que
la chasse l'amuse moins que ta conversation.. aussi est-il
toujours pressé de rentrer. Je t'avouerai même que je m'en
amuse beaucoup. Je lui dis toujours : «Oh ! quelle belle
journée ! il faut nous en donner aujourd'hui ; nous ne
rentrerons pas avant ce soir ; n'est-ce pas que ce sera
très-agréable ?»—«Oui, M. de Saint-Alve, très-agréable,
certainement.. moi ça me plaira beaucoup ; mais ne crai-
gnez-vous pas que pour vous, le soleil, le vent, la pluie?.»
Oh! il a un soin de ma santé! Mais moi, j'aime à faire des
imprudences.

CAROLINE.

Pauvre jeune homme !

SAINT-ALVE.

Oh! du moment que nous le plaignons.. Au surplus
sois tranquille.. j'ai parlé de lui à quelques fermiers ; car
les pauvres sont les meilleurs juges du riche, c'est un
brave jeune homme. Voilà pourquoi j'ai souffert ses assi-
duités auprès de toi, et plus tard, si tu persistes dans ta com-
passion pour la victime de ma tyrannie, ce n'est pas moi
qui mettrai obstacle à votre bonheur. Non, ma Caroline,

2

ton frère ne veut pas que tu aies de peine de cœur, toi,
ça n'a pas le sens commun, et ça fait trop mal !

CAROLINE.

Comme tu dis cela, mon frère ! aurais-tu quelque cha-
grin ?

SAINT-ALVE,

Moi !.. par exemple !.. non, vois-tu ? c'est un soupir de
réminiscence.. Je n'ai pas toujours été raisonnable.. et
même à présent...

SCÈNE IX.

LES MÊMES, ADRIEN.

ADRIEN.

Eh bien ! qu'est-ce que vous faites donc là ? Vous n'avez
pas entendu ? un équipage dans la cour ! une visite superbe
qui nous arrive.

CAROLINE.

Une visite ?

ADRIEN.

Et une belle dame encore !... Plumes, cachemire.

SAINT-ALVE.

A la campagne... tu plaisantes.

ADRIEN.

Du tout... Tu vas en juger toi-même... car quoiqu'elle
ait demandé ma cousine pour le décorum, comme elle a
eu le soin en même temps de s'informer si tu étais au château, j'ai certain pressentiment que c'est une attaque offi-
cielle dirigée contre ton cœur d'arbitre.

SAINT-ALVE.

Allons, ma sœur, tu la recevras, je ne veux pas la voir.

ADRIEN.

Impossible, on lui a dit que tu étais chez toi...

CAROLINE.

D'ailleurs, puisque tu as bien résisté au baron Désormes...

SAINT-ALVE, *à part.*

Elle croit que c'est la même chose, ma sœur, un vieux
baron et une jolie femme... (*Haut.*) C'est égal... qu'elle

vienne; qu'elle parle procès tant qu'elle voudra; mon accueil sera d'une réserve, d'une froideur... Ça me réussira peut-être mieux que ma gaîté avec l'autre.

UN DOMESTIQUE, *annonçant.*

Madame de Wolf!

MADAME DE WOLF, *entrant.*

M. de Saint-Alve?

ADRIEN, *montrant le colonel.*

Le voilà, madame. (*Il sort en chantant* : Arbitre de ma destinée!)

SAINT-ALVE, *à part, riant.*

L'étourdi!

SCÈNE X.

SAINT-ALVE, CAROLINE, MADAME DE WOLF.

(*Sur un signe de Saint-Alve, le domestique avance des siéges; Saint-Alve invite madame de Volf à s'asseoir.*)

MADAME DE WOLF.

Félicitez-vous, monsieur, d'avoir une sœur aussi jolie et aussi aimable... Sans le désir que j'avais de la connaître, vous pensez bien, qu'après votre réponse de ce matin, je ne serais pas venue renouveler mon invitation.

CAROLINE.

Comment, madame t'avait écrit?

SAINT-ALVE.

Oui, madame me faisait l'honneur de nous proposer... pour toi, une fête, un bal; j'ai refusé, tu sais pourquoi... (*A madame de Wolf.*) Croyez, madame, qu'un motif sérieux m'a seul empêché!...

MADAME DE WOLF.

Oh! vous voilà bien, messieurs, toujours retranchés dans le sérieux... (*A Saint-Alve.*) Mais, monsieur, vos occupations sont donc bien graves, pour nous priver ainsi...

SAINT-ALVE, *avec une politesse froide.*

Mes occupations ne sont point graves, madame; mais les circonstances m'imposent des devoirs; et je dois me soustraire à tout ce qui pourrait m'en détourner.

MADAME DE WOLF.

Eh! monsieur, de quoi vous effrayez-vous? il ne s'agit ici que d'une petite fête de campagne.. une réunion patriarcale... Des proverbes, un bal, un concert... Je n'intrigue que pour des quadrilles, et ne conspire qu'avec du *Rossini.* y a-t-il là de quoi alarmer vos principes austères? ai-je donc l'air redoutable? Vous ne répondez pas, monsieur... Vous me feriez croire que vous avez peur de moi...

SAINT-ALVE, *bas à sa sœur.*

Elle a de l'esprit. (*Haut, avec grâce.*) Pardon, madame; mais tenez, c'est un peu vrai, je vous craignais beaucoup.

MADAME DE WOLF.

L'aveu est naïf.. j'espère au moins qu'à présent..

SAINT-ALVE.

A présent, madame, que vous m'êtes connue, j'aurais plus que jamais à craindre votre influence, si je pouvais supposer que vous voulussiez l'exercer sur moi.

MADAME DE WOLF, *se levant.*

Un compliment.. Allons, mademoiselle. (*Ils se lèvent.*) Monsieur s'humanise et nous vous aurons demain.

SAINT-ALVE.

Demain. non.. permettez-moi de retarder de quelques jours encore.. Je vais me hâter d'en finir avec ce qui me captive, et dès que j'aurai reconquis ma liberté, mon premier soin, madame, sera d'aller la compromettre auprès de vous.

MADAME DE WOLF.

En attendant, monsieur, la fête sera passée; la saison s'avance; la jeunesse des environs reprendra son vol vers Paris.. Votre sœur aurait été l'ornement de notre bal... Puis-je ainsi renoncer à l'espérance de le voir embellir par elle!

SAINT-ALVE.

Pauvre Caroline!

MADAME DE WOLF.

Mais allons donc, mademoiselle! secondez-moi un peu. Il s'agit de briller, de plaire! et vous vous taisez! vous n'avez donc pas de sensibilité?

CAROLINE.

Pour un bal! oh! si madame, au contraire.. Allons, mon frère, puisque madame insiste, tu ne peux pas refuser... par politesse... et puis ça m'amusera tant !

SAINT-ALVE, *faiblement.*

Mais tu sais bien, ma bonne amie, que c'est impossible.

MADAME DE WOLF.

Oh! si ce n'est qu'impossible, vous me rassurez.. Le colonel de Saint-Alve est trop galant pas ne point faire l'impossible en notre faveur.

SAINT-ALVE, *riant.*

En vérité, madame, vous avez toùjours des argumens d'une force..

MADAME DE WOLF.

Ah! j'mais bien sûre.. (*Avec un geste aimable*) Nous vous attendrons !

SAINT-ALVE.

Mais !

MADAME DE WOLF, *d'un ton un peu piqué.*

A la fin c'est trop de résistance; je suis piquée. (*Avec coquetterie.*) Et je vous en veux, au moins; eh ! bien, monsieur, ne venez point; mais comme il n'est pas juste que votre sœur reste opprimée plus long-temps (*avec gaîté*) je vais convoquer le ban et l'arrière-ban de toutes les dames châtelaines des environs, et demain au point du jour, nous viendrons, bannière déployée, mettre le siége en forme devant votre château, et vous sommer de délivrer l'intéressante captive Nous verrons si vous capitulerez

CAROLINE, *bas.*

Décidément c'est une femme charmante; tu ne peux pas la refuser.

SAINT-ALVE, *à part.*

Après tout je ne vois pas quel tort cela peut me faire. (*Haut*) Eh ! bien, madame, je capitule !

MADAME DE WOLF, *avec coquetterie.*

J'ai donc triomphé? Ah ! ce n'est pas sans peine, monsieur colonel.

CAROLINE.

Quel plaisir! j'irai donc au bal !

MADAME DE WOLF

Je cours porter cette bonne nouvelle à nos dames. A demain. Embrassez-moi, ma chère amie.

AIR : *Nouveau.*

A demain, j'ai votre parole.

SAINT-ALVE.

Oui, vous pouvez compter sur nous.

MAD. DE WOLF.

Cette promesse me console
De mes efforts auprès de vous.
Que de peine pour vous convaincre!
Ce triomphe doit me flatter.

SAINT-ALVE (*avec amabilité*).

Il est plus glorieux de vaincre,
Quand l'ennemi sait résister.

SAINT-ALVE ET CAROLINE.

Oui, vous avez notre parole, etc.
Et vous pouvez compter sur nous, etc.

MADAME DE WOLF.

A demain, j'ai votre parole, etc.

ENSEMBLE

(*Saint-Alve reconduit madame de Molf en causant avec familiarité*).

SCÈNE XI.

CAROLINE, ALFRED.

CAROLINE.

Qu'elle est aimable! Oh! je veux avoir une robe charmante. Alfred y sera sans doute, et je lui plairai bien davantage.

ALFRED, *entrant par une porte de côté*.

Vous voilà seule enfin.

CAROLINE.

Ah! M. Alfred, vous ne savez pas, une invitation, une fête! un bal!

ALFRED.

Je sais tout; cette dame qui vous quitte, c'est ma tante.

CAROLINE.

Votre tante!.. ah ça, mais toute votre famille s'est donc donné rendez-vous ici.. Quoi! cette dame!

ALFRED.

Est la sœur de ma mère et de la comtesse d'Erli; elle m'avait chargé d'attirer votre frère chez elle, et c'est sur mon refus qu'elle aura essayé sans doute..

CAROLINE.

Ah! mon Dieu! mon frère qui a donné sa parole.

SCÈNE XII.

LES MÊMES, SAINT-ALVE, ADRIEN.

ADRIEN, *à Saint-Alve*.

Tu crois donc, mon cousin, que ce n'est pas pour l'arbitre qu'elle est venue.

SAINT-ALVE.

Eh! non, te dis-je, c'est une femme toute franche, sans détours, sans artifice; ce n'est pas comme ce baron Désormes, qui ramenait toujours la conversation sur son procès.

ADRIEN.

Ainsi, il paraît que ce n'était que pour le colonel.

SAINT-ALVE.

Écoute donc, c'est bien plus flatteur comme cela.

ADRIEN.

C'est drôle, ça ne me faisait pas cet effet-là du tout.. Mais c'est égal, je me rétracte.

CAROLINE.

Non, non, mon cousin, ne vous rétractez pas.

SAINT-ALVE,

Comment?

ALFRED.

Oui, mon cher colonel, je ne dois rien vous cacher, et l'intérêt de votre honneur l'emporte sur toute autre considération. La dame qui vient de vous inviter, est une des personnes qui plaident contre le baron.

ADRIEN.

Dis donc, mon cousin, il me semble que ça n'est plus si flatteur pour le colonel.

SAINT-ALVE.

Pouvais-je imaginer?... Comme elle parlait toujours sans me rien dire...

ADRIEN.

Dame! voilà le talent de la diplomatie!

SAINT-ALVE.

Mais cependant le nom de madame de Wolf ne se trouve pas dans les pièces que j'ai déjà lues?

ALFRED.

Aussi n'est-ce pas pour elle que cette dame fait ces démarches, mais pour sa sœur la comtesse d'Erli.

SAINT-ALVE.

Ah! fort bien! (*Il paraît préoccupé.*)

CAROLINE.

Tu dois rester. mon frère. Aller au bal, c'était un plaisir, un bonheur pour moi; mais il y va de ta réputation, et je me résigne sans effort.

ADRIEN.

Sacrifier la danse à l'amitié! par exemple, voilà un trait de piété fraternelle!.. Dans les grands périls, les grands sacrifices.. (*A Saint-Alve qui est pensif.*) Eh! bien, mon cousin, à quoi réfléchis-tu? j'espère que tu ne balances pas.

ALFRED.

Non, mon cher colonel, non, vous n'y devez pas aller.

ADRIEN.

C'est ce que je dis... il n'ira pas.

SAINT-ALVE.

Vous vous trompez, j'irai, et le monde n'aura rien à dire. Alfred, c'est bien, c'est très-bien; vous êtes mon ami, j'ai apprécié la générosité de vos conseils; vous serez sans doute à cette fête, nous nous y verrons. Pour toi, ma sœur, voici la nuit, va donner des ordres pour demain, et faire préparer ta parure.

CAROLINE.

Comment, tu veux donc?...

SAINT-ALVE, *l'embrassant sur le front.*

Va, te dis-je, va, et ne t'inquiète pas. Adieu, Caroline.

Adieu, mon cher Alfred.. Reste, Adrien, j'ai à te parler.
(*Alfred reconduit Caroline jusqu'a la porte de sa chambre; elle lui serre la main tout en regardant Saint-Alve, et entre; Alfred sort par la porte du fond.*)

SCÈNE XIII.

SAINT-ALVE, ADRIEN, un Valet.

(*Long silence, pendant lequel Adrien observe Saint-Alve qui réfléchit; celui-ci sort enfin de sa rêverie et sonne. Le valet paraît, et apporte deux flambeaux qu'il pose sur la table*).

SAINT-ALVE.

Baptiste! je ne sors plus.. Faites porter ce billet à M. le marquis de Rhétel; on le trouvera sans doute encore chez lui.

ADRIEN, *à part.*

Que me veut-il donc, mon cousin?

SAINT-ALVE.

Adrien!

ADRIEN.

Mon cousin?

SAINT-ALVE, *préoccupé.*

Écoute, je vais passer la nuit à achever l'examen de tous ces papiers.. Demain au point du jour, j'aurai besoin de repos; tu entreras dans mon cabinet, sans faire de bruit.. tu trouveras sur cette table un paquet cacheté; ce sera ma décision datée de cette nuit même; tu la prendras, tu monteras à cheval, et tu la porteras au président du tribunal de Sedan, à qui tu la remettras en personne.

ADRIEN.

Comment, mon cousin, tu vas t'amuser à ruiner ta santé en passant une nuit?. A ta place, vois-tu...

SAINT-ALVE.

Adrien, je ne t'ai pas demandé un conseil, mais un service.

ADRIEN.

Ah! c'est différent.. Tu peux compter sur moi, ne

suis-je pas tout dans la maison ? ton secrétaire, ton avoué,
ton intendant.. me voilà maintenant ton courrier de cabinet.. Je prendrai ta petite jument isabelle pour aller plus
vîte ?..

SAINT-ALVE.

Non pas ! prends garde ; elle pourrait bien arriver avant
toi.

ADRIEN.

Tu crois.. Eh ! bien je n'y tiens pas.. j'en prendrai une
autre.

SAINT-ALVE.

Tu viendras nous rejoindre à cette fête, je te présen-
terai.

ADRIEN.

La fête aussi, soit ! J'aime les bals pour le moins autant
que ma cousine.. je suis un peu femme de ce côté. Va
pour la fête.

SAINT-ALVE, lui serrant la main.

Adieu !

ADRIEN.

Bonsoir ! dors bien ; c'est-à-dire, que je suis bête ! au
contraire, ne dors pas.

AIR : de la walse de Robin des Bois.

Nous nous reverrons à la fête,
Le plaisir nous réunira ;
Et d'après les jeux qu'on apprête,
Monsieur l'arbitre dansera.
(Avec intention).
Souvenez-vous, pour votre gloire
Du baron qui se croit trahi,
Et chassez de votre mémoire
La belle comtesse d'Erli.
ENSEMBLE.
Nous nous reverrons à la fête, etc. etc.

(Adrien sort.)

SCÈNE XIV.

SAINT-ALVE, seul.

Je ne sais, mais au moment de prononcer... j'éprouve

une certaine émotion.. Si j'allais me tromper.. si mon er-
reur causait le malheur d'une famille.. Oh non!, ma con-
science m'éclairera! (*Il s'assied, prend le papier et l'examine.*) Comtesse d'Erli! née de Servières. De Servières..
c'était aussi le nom de sa famille! et ce nom me fut si
cher! Je crois avoir lu quelque part qu'un prince, amoureux
d'une femme nommée Émilie, reçoit un placet signé du
même nom, et accorde la demande sans examen. Un
prince le pouvait; mais je suis arbitre.. un juge n'accorde
point de grâce, il rend la justice.... Et moi aussi je vais tâcher de la rendre! (*Il penche sa tête sur ses deux mains
appuyées sur le bureau, dans l'attitude d'un homme qui
lit attentivement. On entend le cor dans le lointain.*) Ah!
ah! voilà le signal de cette chasse aux flambeaux, à laquelle je
me faisais une fête d'assister. (*Il s'approche de la croisée;
le cor continue.*) Chargez-vous donc des affaires des autres.. Allons, il le faut. (*Il retourne au bureau, prend
les pièces du procès, et les examine avec attention.
Impatienté par le bruit du cor, il se bouche les oreilles,
et reprend sa première attitude. Le rideau tombe,*

FIN DU PREMIER ACTE.

Deuxième Acte.

La scène se passe chez madame de Wolf le théâtre re-
(présente un salon richement décoré.

SCÈNE PREMIÈRE.

MADAME DE WOLF, EUGÉNIE.

EUGÉNIE.

Tu l'as donc vu ! Ah ! ma sœur, je t'avais tant priée de
n'y pas aller... Et dis-moi, comment l'as-tu trouvé ?... A
quoi s'occupait-il ? Semble-t-il heureux ? Est-il toujours
aimable !

MADAME DE WOLF.

Je ne pourrais pas te répondre, cependant, si je t'a-
vais obéi... Te dire s'il est changé, c'est ce qui m'est impossible ; quand il te faisait la cour, j'étais en Allemagne ;
tout ce que je puis t'assurer, c'est qu'il peut te plaire encore...

EUGÉNIE.

Me plaire !... à moi ? depuis six ans, Saint-Alve doit
m'avoir oubliée !... Sans doute, même il m'aura crue infi-
dèle... Mariée contre mon gré, il fallut bien obéir à mes
parens, et tu sais si je fus heureuse ! Aussi depuis mon veuvage,
je n'ai plus cherché qu'à vivre dans la retraite, et peut-ê re
bientôt va-t-elle me devenir encore plus nécessaire par la
perte de ce triste procès !...

MADAME DE WOLF.

Voilà justement pourquoi il ne faut pas le perdre,...

Air *du Déjeûner de garçons.*

Souvent, tu m'as dit qu'autrefois
Saint-Alve, attentif à te plaire,
En esclave, suivait tes lois....
Il n'est point changé, je l'espère!,
Or, pour ce procès important,
Usant d'un heureux subterfuge,
Ce pouvoir si doux et si grand
Que tu possédais sur l'amant....
Il faut l'essayer sur le juge!

EUGÉNIE.

Une pareille tentative...

MADAME DE WOLF.

Est toute naturelle, ma sœur, dans le siècle où nous vivons...Tu sais que ce n'est pas celui des scrupules! chacun fait sonner bien haut son impartialité... chacun ne veut que la justice, chacun n'a que la justice pour guide... et franchement la justice n'est juste à nos yeux, que quand elle juge en notre faveur...

EUGÉNIE.

D'accord!... Mais si tu connaissais mieux le colonel Saint-Alve, tu saurais que tout le charme des séductions, même les tiennes, ma sœur, ne pourra rien sur lui... si l'honneur et la délicatesse...

MADAME DE WOLF, *riant.*

Oh! mon intention n'est pas de le faire manquer à ses devoirs... Le ciel me préserve d'avoir une pareille pensée!.. Mais enfin... notre cause est bonne... très-bonne... Saint-Alve a besoin d'être éclairé... et quelquefois... presque toujours, il faut aider à la justice.

EUGÉNIE.

Oui, mais dans la situation où nous sommes, Saint-Alve et moi... je ne veux... ni ne dois le revoir...

MADAME DE WOLF.

Excepté aujourd'hui, j'espère.

EUGÉNIE.

Comment!

MADAME WOLF.

Sans doute.... j'ai sa parole... Il va venir...

EUGÉNIE.

Il va venir! ... lui!.... Saint-Alve... dans le château...

Ah! ma sœur! me tromper ainsi... c'est affreux! Et à quel heure viendra-t-il?

MADAME DE WOLF.

Mon Dieu! je l'attends!... J'ai recommandé qu'on me prévînt à l'instant. Une seule chose m'étonne... Saint-Alve doit savoir que ce procès t'intéresse... Ton nom de comtesse d'Erli figure dans la procédure... Comment se fait-il?...

EUGÉNIE.

Saint-Alve ne peut me connaître sous ce nom... Mon mari, le comte d'Erli, n'a pris ce titre qu'à la mort de son père.

MADAME DE WOLF.

Ah! fort bien.... Une voiture! c'est peut-être le colonel.

EUGÉNIE.

Tu crois!... que faire?

MADAME DE WOLF.

Embellir encore par la parure, les dons que la nature t'a faits .. sortir de ta mélancolie habituelle... mêler quelques fleurs à tes cheveux... et notre droit sera bien meilleur.

UN VALET, annonçant.

M. le président de Monglave descend de voiture.

MADAME DE WOLF.

Mon adorateur! qui nous condamne à sa légèreté dans le monde, comme indemnité de sa pesanteur au tribunal... n'importe; je ne veux pas le rebuter... Il est bon de se montrer à un arbitre avec l'appui d'un président.. ça dispose toujours bien... Mais j'oubliais un incident assez singulier de notre fête... j'avais envoyé à notre vieux cousin une invitation... espérant que, comme de coutume dans la position où nous sommes, il n'accepterait pas; et l'on m'assure l'avoir déjà vu dans le parc.

EUGÉNIE.

C'est un excellent homme, au fond.

MADAME DE WOLF.

Oui, un excellent homme qui veut te ruiner... Voici M. de Monglave.

SCÈNE II.

LES MÊMES, LE PRÉSIDENT.

LE PRÉSIDENT, *entrant.*

Madame la baronne, madame la comtesse, j'ai bien l'honneur.. Je suis venu à l'avance, pour faire ma cour d'abord, et pour faire préparer le petit théâtre où nous devons jouer ce soir nos proverbes.

EUGÉNIE.

Monsieur le président aime passionnément ce plaisir!.

LE PRÉSIDENT.

Je ne m'en défends pas.. les proverbes, belles dames, ce sont les préceptes de la sagesse en action, et depuis Salomon..

MADAME DE WOLF, *riant.*

Salomon, j'en suis sûr, ne les jouait comme vous.. Quel est celui que vous nous donnez aujourd'hui M. le président?

LE PRÉSIDENT.

Le sujet ne peut pas manquer de vous plaire. (*Tirant son manuscrit et lisant.*) Ce que femme veut...

MADAME DE WOLF, *a Eugénie.*

Oh! oh! vraiment.. ce sera pour nous une véritable pièce de circonstance.

LE PRÉSIDENT.

Bon.. votre pouvoir n'est-il pas de tous les jours, et les charmes de votre esprit, votre grâce.

EUGÉNIE.

On n'est pas plus aimable et plus galant que monsieur le président.

LE PRÉSIDENT.

N'est-ce pas? c'est qu'on se figure, parce que nous sommes magistrats. Pas du tout.. je suis lourd au palais; c'est mon devoir; mais une fois rentré dans la société, on reprend le droit d'être aimable... Il ne s'agit plus des présidens de vieille comédie.. la perruque à trois marteaux.. nous n'avons plus ce travers-là, nous ne sommes plus ridicules à présent! nous ne sommes plus du tout ridicules.. Moi, par exemple, la nature m'avait créé pour être militaire ; les circonstance m'ont jeté une robe noire sur les épaules; mais je tâche de concilier l'agréable et l'utile.. je suis juste par état, et sémillant par vocation.

MADAME DE WOLF.

A propos, oserai-je vous demander si vous avez des nouvelles de notre procès?

LE PRÉSIDENT.

Pas encore, madame, et je suis même étonné que le colonel de Saint-Alve...

MADAME DE WOLF.

Est-ce que vous ne lui en avez point parlé?

LE PRÉSIDENT.

Comment l'aurais-je pu ? je n'ai point encore l'honneur de le connaître, et je n'ai pas voulu avoir l'air de l'influencer par une visite... connu comme je suis pour vous rendre des soins, belle dame.. Il faut attendre sa décision, et vous savez qu'elle est sans appel.. définitive, absolue comme le pouvoir de vos yeux.

EUGÉNIE

Et vous ne l'avez jamais rencontré dans le monde?

LE PRÉSIDENT.

Jamais! il est toujours dans les bois, la chasse est son unique passion.

MADAME DE WOLF, regardant Eugénie.

Nous verrons bien..

EUGÉNIE.

Ma sœur !

LE PRÉSIDENT.

D'ailleurs, quand je le rencontrerais, moi, une fois que j'ai quitté le fauteuil, rien ne m'est insupportable comme de parler chicane! Qu'est-ce que la chicane? dans le monde je ne connais pas ça.

UN VALET, annonçant.

La voiture de M. de Saint-Alve entre dans la cour.

LE PRÉSIDENT.

Comment! M. de Saint-Alve en ces lieux! et qu'y vient-il faire?

MADAME DE WOLF.

Mais, jouer des proverbes avec nous; on assure qu'il a dans ce genre un talent particulier.

LE PRÉSIDÉNT.

Ah! fort bien. fort bien. (*A part.*) Tout le monde s'en mêle. (*Lui offrant la main.*) Si vous le permettez, je vais vous conduire jusqu'au vestibule, et j'irai, de là, m'occuper de notre théâtre. Vous savez que j'entends à ravir tous ces petits détails.

MADAME DE WOLF, *à Eugénie.*

Du courage, ma chère Eugénie. (*Elle sort avec le président qui lui donne la main.*)

SCÈNE III.

EUGÉNIE, *seule.*

Saint-Alvel. il est près de moi.. après six ans!

AIR : *de M. Amédée de Beauplan.*

Je vais le revoir!
D'où naît le trouble de mon âme?...
Est-ce la crainte... est-ce l'espoir...
Lui! faire trembler une femme?...
Non, non, c'est l'espoir qui m'enflamme.
Je vais le revoir!

Je vais le revoir!
Aurai-je gardé mon empire?
Il a gardé tout son pouvoir...
Je le crains au tendre délire
Que je ressens quand je puis dire...
Je vais le revoir!.

Mais lui parler en faveur de ma cause, ce serait m'humilier.. l'offenser lui-même.. non, si le temps a changé mes traits, qu'il retrouve au moins mon cœur tel qu'il l'a connu. On vient.. c'est lui.. Pourrai-je soutenir sa vue.. non, je n'en ai pas la force. Il vaut mieux le fuir.. Hélas! quand il venait tous les soirs chez mon père, qui m'eût dit qu'un jour je craindrais tant de le voir?

(*Elle s'en fuit.*)

3

SCÈNE IV.

SAINT-ALVE, MADAME DE WOLF, CAROLINE.

SAINT-ALVE, *riant.*

Que vois-je? une dame qui s'enfuit à mon approche!
serait-ce ma présence qui lui fait peur?

MADHME DE WOLF.

Vous ne le croyez pas, colonel. C'est ma sœur, la
comtesse d'Erli, à laquelle je vais avoir le plaisir de vous
présenter.. Il faudra que je vous demande quelqu'indul-
gence pour elle. Cette cher sœur! vous lui pardonnerez
un peu de tristesse.. un peu de sauvagerie même.. n'est-
ce pas?

SAINT-ALVE.

Comment donc, madame? (*A part.*) Allons, les rôles
sont distribués!

MADAME DE WOLF.

Si je vous disais, colonel, tous les malheurs qu'elle a
éprouvés: figurez-vo une inclination contrariée, un mariage
qui a mal tourné; libre enfin, elle pourrait se croire à peu
près heureuse, et une fatale circonstance compromet toute
la fortune.

CAROLINE, *bas a Saint-Alve.*

Dis donc, mon frère, prends bien garde à toi, voilà
le procès.

SAINT-ALVE, *bas.*

Merci.. je le voyais venir.

MADAME DE WOLF.

Jugez de mon affliction, M. de Saint-Alve, jugez-en
par vous-même; vous avez une sœur.. une sœur chérie et
digne de l'être! songez à la douleur que vous auriez si
quelque jour.. Mais suis-je folle de me laisser aller à mes
idées noires, devant vous, étranger, que je connais à peine..
Pardon, colonel, et vous aussi, mademoiselle, pardon..
je ne dois.. je ne veux être aujourd'hui qu'au plaisir.. au
bonheur de vous posséder chez moi. Ah ça! je vous
retiens pour ouvrir le bal, vous et ma sœur, dont M. de
Saint-Alve voudra bien être le cavalier; pour vous, je vous

ai fait un choix, un choix qui ne vous déplaira pas, j'espère Alfred; notre neveu.

SAINT-ALVE.

Son neveu?

CAROLINE.

Alfred.

MADAME DE WOLF.

Pardon, je vous laisse un instant, mais je suis impatiente de vous présenter ma sœur.

SCÈNE V.

SAINT-ALVE, CAROLINE.

CAROLINE.

Tu as beau dire, elle est aimable.

SAINT-ALAE.

Oui, sans doute! elle t'arrange des contredanses pour me faire des opinions.. Heureusement, j'ai pris mes précautions: les hommes changent.. les écrits restent.

CAROLINE.

Quoi! tu aurais déjà?

SAINT-ALVE.

Oui.. l'arrêt est prononcé!

CAROLINE.

Prononcé.. depuis quand?

SAINT-ALVE.

De cette nuit.. Adrien est allé le porter au président du tribunal de Sédan.. Tu vois donc bien que je suis ici à mon aise. La date de mon arrêt me met à l'abri de tout soupçon injurieux.

CAROLINE.

Et peut-on savoir en faveur de qui tu as prononcé?

SAINT-ALVE.

Ne me le demande pas; mais je trouve qu'il y a même quelque chose de singulier dans ma position. Voir chacun tourner, s'agiter autour de moi pour m'entraîner, m'attirer dans son parti, tandis que je me sens immuable de nécessité, c'est à dire, par impossibilité matérielle de faire autrement.

SCÈNE VI.

LES MÊMES, ALFRED.

ALFRED.

Ma tante me charge de conduire mademoiselle Caroline dans le grand salon où se réunit déjà toute la société.

SAINT-ALVE, *lui prenant la main.*

Je suis ravi, mon cher Alfred, que le hasard m'ait conduit au milieu de votre famille.

ALFRED, *riant.*

Vous me pardonnez ce mystère?

SAINT-ALVE, *avec bonté.*

Non... je ne vous pardonnerai jamais, mon cher Alfred, mais je vous en estimerai davantage.

ALFRED.

C'est ce qui m'enhardit à vous demander un entretien particulier pour ma tante... Elle vous prie de l'attendre ici... Elle a une grâce à vous demander.

SAINT-ALVE.

En particulier! je devine, on veut me séparer, m'isoler de tout secours! Comment, Alfred, et vous aussi?...

ALFRED, *avec intention.*

Si vous m'estimez, colonel, vous ne lui refuserez pas la faveur qu'elle attend de vous...

SAINT-ALVE.

Je n'ai plus rien à répondre. Madame votre tante peut venir, je l'attends! je l'attends de pied ferme, et je confie Caroline à vos soins...

CAROLINE, *à son frère.*

J'étais tranquille pour toi, Saint-Alve, mais d'après ce que tu m'as dit, je le suis bien davantage... Cette madame de Volf a l'air de ne douter de rien... (*A Alfred, lui tendant la main.*) Pardon, monsieur Alfred! (*Alfred et Caroline sortent; Saint-Alve les conduit jusqu'au jardin.*)

SCÈNE VII.

SAINT-ALVE, *dans le fond; LE BARON, entrant par une porte à droite du spectateur.*

LE BARON.

On ne m'avait donc pas trompé; notre arbitre est chez ma partie adverse, au milieu des fêtes! des plaisirs! Corbleu!... on sait ce que tout cela veut dire... C'est lui: restons embusqué dans cette bibliothèque, où je suis entré par le petit escalier. De là je puis tout voir et tout entendre... Un jour de fête, on ne s'avisera pas d'y entrer... je suppose... D'ailleurs, je suis ici dans ma famille; je suis invité, et corbleu! si l'on invite mon juge à dîner, il m'est bien permis de veiller sur lui... (*Il rentre.*)

SAINT-ALVE, *venant en scène.*

Je crois en vérité que la baronne a réuni toutes les jolies femmes du département pour m'éblouir, pour m'enivrer! elle me connaît bien peu... Autrefois... je ne dis pas... mais aujourd'hui!... D'ailleurs mon temps est passé. Ah! voici madame la baronne.

SCÈNE VIII.

SAINT-ALVE, MADAME DE VOLF, LE BARON, *caché*, ensuite EUGÉNIE.

SAINT-ALVE.

Alfred m'a dit, madame, que vous désiriez me parler en particulier.

MADAME DE WOLF.

Oui colonel, et je vous prie de m'excuser si je vous retiens un instant...

SAINT-ALVE, *à part.*

Va-t-elle aborder franchement la question? Tant mieux, nous en finirons tout de suite.

MADAME DE WOLF.

Savez-vous, monsieur de Saint-Alve, que nous attendons de vous une grande marque d'amitié, une faveur bien précieuse pour toute notre famille...

SAINT-ALVE.

Je vous répondrai franchement, madame, qu'il n'est pas en mon pouvoir de vous accorder...

MADAME DE WOLF.

La main de votre sœur.

SAINT-ALVE.

Comment ?

MADAME DE WOLF.

Sans doute, colonel... Alfred aime votre Caroline, il n'a pas encore osé vous parler de ses sentimens, et c'est moi qui lui sers d'interprète.

SAINT-ALVE.

Quoi, madame!... (*A part.*) Que j'étais ridicule avec ma défiance... Je ne rêve plus que tentative de corruption!

MADAME DE WOLF.

Eh! bien! que me répondez-vous?

SAINT-ALVE.

Eh bien! madame, je vous répondrai que je suis enchanté... ravi...

MADAME DE WOLF.

Vrai...?

SAINT-ALVE, *avec expansion.*

D'honneur... je ne peux pas vous peindre la joie que j'éprouve... Ce n'est pas d'aujourd'hui que j'ai jugé Alfred! J'ai lu dans ce cœur-là... Ma sœur sera heureuse avec lui. Cette chère Caroline... Quel plaisir de la voir unie à un de ces hommes rares, dont on peut répondre... Je veux lui en parler sur-le-champ... Si vous saviez ce que j'éprouve...Je m'attendais d'un jour à l'autre à une proposition semblable... Eh bien, c'est égal, cela me cause une émotion... j'en pleurerais comme un enfant... Pardon! je cours trouver ma sœur.

MADAME DE WOLF.

J'aime ce transport, colonel... il prouve votre bon cœur... Vous ne me questionnez pas même sur la richesse d'Alfred...Ces chers enfans! ils ne songent qu'à leur amour, c'est tout simple... à leur âge... Mais nous qui sommes raisonnables, nous devons voir dans l'avenir. Alfred a de la fortune, et cette fortune doit s'augmenter un jour, du moins nous avons tout lieu de l'espérer; par le gain d'un procès...

SAINT-ALVE, *à part.*

Et moi qui me livrais bonnement. (*Haut.*) Mais, madame, si c'est un procès, il me semble qu'il a la chance de le perdre...

MADAME DE WOLF.

Quoi, monsieur... vous croyez...

SAINT-ALVE.

Je ne crois rien encore, je dis qu'il faut attendre l'événement.

MADAME DE WOLF.

Ah! vous me rassurez... L'événement ne saurait être douteux... Figurez-vous que nous avons affaire à un vieux cousin .. l'homme le plus acariâtre, le plus entêté...

LE BARON, *avançant la tête.*

Je crois qu'on parle de moi!

MADAME DE WOLF.

Honnête homme, du reste...

LE BARON, *de même.*

C'est fort heureux!

MADAME DE WOLF.

Jouissant d'une fortune assurée, tandis que ma sœur, si elle perd ce procès, plus de ressources pour elle!... Veuve, sans appui, sans existence... sa position est affreuse. Vous ne la connaissez pas encore, je l'aperçois, je ne veux pas tarder plus long-temps à vous la présenter. (*Elle va au fond; le baron se cache.*)

SAINT-ALVE.

Allons... l'entrée de l'héroïne sentimentale... Tenons-nous ferme pour ne pas rire...

MADAME DE WOLF, *attirant Eugénie.*

Mais, viens donc, Eugénie, viens donc.

SAINT-ALVE.

Eugénie! (*Il se retourne et la voit.*) Ciel que vois-je!

Quoi! c'est vous, ô ma chère Eugénie!
Quel moment pour mon âme ravie!
Quel beau jour! et quel charme pour moi!

EUGÉNIE.

Oui, Saint-Alve, c'est votre Eugénie,
Quel moment pour mon âme ravie,

Quoi, c'est vous qu'en ces lieux je revoi !
Quel bonheur et quel charme pour moi !

MAD. DE WOLF.

Il retrouve son Eugénie,
Oui, Saint-Alve est soumis à sa loi,
Notre cause est meilleure, je croi..

(*Madame de Wolf se retire en encourageant Eugénie.*)

LE BARON, *s'enfermant.*

Voilà mon procès qui va se plaider; heureusement je
suis à l'audience !

SCENE IX.

SAINT-ALVE, EUGÉNIE, LE BARON, *caché.*

SAINT-ALVE.

Eugénie! que m'a-t-on dit ? vous n'étiez pas heureuse,
et je l'ignorais.. Eh! quoi, j'étais près vous.. vous le saviez..
vous étiez libre, et vous ne m'avez pas appelé.

EUGÉNIE.

Saint-Alve, à quoi bon nous attendrir, ne revenons
point sur le passé.. il m'a si cruellement traitée.

SAINT-ALVE.

D'ailleurs, qu'ai-je besoin de vous revoir dans ces temps
qui ne sont plus? ne vous retrouvai-je pas telle que je vous
aimais alors. Tout me rappelle le premier jour où je vous
aperçus.. Vous souvenez-vous à ce bal?

EUGÉNNIE.

Saint-Alve, mon ami, épargnnez-moi de grâce.. Ou-
blions le passé.

SAINT-YLVE.

AIR : *de M. Amédée de Beauplan.*

Pourquoi vouloir, mon Eugénie,
Oublier les momens si doux
Que mon destin, digne d'euvié,
M'a fait passer auprès de vous.
Par une cruelle alliance,
Trompant autrefois mes désirs,
Vous m'aviez ravi l'espérance,
Ne m'ôtez pas mes souvenirs...

EUGÉNIE.

Même air.

Je ne puis perdre la mémoire
Des instans passés près de vous;
Mais il y va trop de ma gloire,
Bannissons un charme si doux.

SAINT-ALVE.

Je dois, malgré votre défense,
Vous faire entendre mes soupirs;
Ou rendez-moi mon espérance,
Ou laissez-moi mes souvenirs!

LE BARON, *de la porte.*

Il paraît qu'on en est aux conclusions!

EUGÉNIE.

Fuyez-moi, Saint-Alve, fuyez-moi!

SAINT-ALVE.

Vous fuir!.. moi! quand je vous ai retrouvée!

EUGÉNIE.

Et que prétendez-vous? ah! quittez cette maison.. savez-vous que ma sœur a un projet en vous y attirant?

SAINT-ALVE.

Laissez-la faire.

EUGÉNIE.

Que dans ce moment elle compte sur moi pour vous séduire.

SAINT-ALVE.

Eh! bien, séduisez-moi; tenez; vous n'aurez pas de peine! je crois que je ne me défendrai guère.

LE BARON, *de la porte.*

Je suis assassiné!

SAINT-ALVE.

Votre sœur vous a chargé de séduire votre juge.... Eh! bien ne me ménagez pas... je vous permets l'amabilité... la coquetterie même.. Si vous saviez..

EUGÉNIE.

Saint-Alve, expliquez-vous..

SAINT-ALVE.

Ah! grand Dieu!

SCÈNE X.

Les Mêmes, ADRIEN.

ADRIEN.

Ah! je te retrouve à la fin.. Pardon, madame, ou mademoiselle.. mais il faut absolument que je lui parle.

SAINT-ALVE.

Permettez, ma chère Eugénie..

EUGÉNIE.

On veut vous parler, je me retire.. (*Elle sort, Saint-Alve la conduit.*)

ADRIEN, *à part.*

Sa chère Eugénie.. Hum! le pauvre baron!

SAINT-ALVE, *à Adrien.*

Tu reviens de Sedan?

ADRIEN.

Oui, mon cousin, je n'ai pris que le temps de me mettre convenablement pour me présenter ici, et me voilà avec ton paquet.

SAINT-ALVE.

Ciel!.. tu ne l'a pas remis.

ADRIEN.

D'après tes instructions, je suis parti à la pointe du jour.. en deux heures j'arrive à Sedan. Il était sept heures, ton président venait d'en partir en tilbury.

SAINT-ALVE.

Le président! si matin... c'est impossible!

ADRIEN.

Comment, impossible.

Air: *de Gaspard.*

C'est pourtant bien la vérité,
Il était parti sans m'attendre,
Et ce départ précipité
Ne doit pas beaucoup te surprendre.
Un juge peut, sans contredit,
Se lever quand le jour commence;
S'il ne dort guères dans son lit,
Il se rattrape à l'audience!

43

SAINT-ALVE.

Pourquoi n'avoir pas laissé?.

ADRIEN.

Ne m'avais-tu pas recommmandé de ne le remettre qu'à M. le président lui-même.. j'ai cru t'obliger en le gardant.. Seulement j'ai demandé où je pourrais trouver ce président si matinal, et l'on m'a dis qu'il était venu jouer des proverbes dans ce château. Comme je savais que tu t'y trouvais, j'y suis venu en toute hâte, et me voilà.

SAINT-ALVE.

Quelle imprudence! comme si tu ne pouvais pas le laisser au greffier du tribunal, au concierge, à quelqu'un. Mais je suis bien bon de m'alarmer! ma position n'est-elle pas toujours la même? la même.. Eugénie !. cet arrêt!.. fatale circonstance.. (A Adrien.) puisqu'il est ici, il faut chercher ce président; il faut lui remettre cette décision. Il en est temps encore.. la date, mon cachet.. et d'ailleurs qui pourrait me soupçonner..

SCÈNE XI.

Les Mêmes, LE BARON, *entrant.*

LE BARON.

Qui? moi, monsieur, qui connais maintenant toutes vos affections, et qui viens..

SAINT-ALVE, *à part.*

Ah! c'est le vieux baron. Pardon, monsieur le baron, si je ne vous écoute pas en ce moment; je sais qu'il est de mon devoir d'entendre les deux parties, mais plus tard... On m'attend.. je remets la cause après le dîner. (*Il sort.*)

ADRIEN, *au baron.*

La cause est remise après dîner. (*Il sort.*)

SCÈNE XII.

LE BARON, *seul.*

Corbleu! je crois qu'il me raille encore.. Du moins

c'est un plaisir de voir et d'entendre les choses par soi-même.. C'est ma faute aussi !

AIR : *de la Colonne.*

Quand on proposa pour arbitre
Ce colonel, cité pour sa valeur,
Je l'acceptai, sachant qu'à plus d'un titre
Un militaire est fidèle à l'honneur,
Mais, j'oubliais pour mon malheur
Que pour juger; dans le fond de leurs âmes,
Nos colonels, comme ceux d'autrefois,
Ne sont pas très-forts sur les lois,
Et sont très-faibles près des dames!

SCÈNE XIII.

LE BARON, LE PRÉSIDENT.

LE PRÉSIDENT, *à la cantonnade.*

Oui, monsieur, oui, vous dis-je. Mais ce n'est pas cela qui doit nous occuper; c'est à nos proverbes qu'il faut songer, et puisque vous refusez..

LE BARON.

Et le président aussi.. Corbleu! c'est trop fort. Il n'y manque plus que le substitut.

LE PRÉSIDENT.

Vous ici, monsieur le baron !

LE BARON.

Oui, monsieur, c'est moi qui viens y être témoin de la trahison la plus épouvantable.. C'est une indignité, monsieur ! cela crie vengeance.

LE PRÉSIDENT.

N'est-ce pas. Oh! c'est affreux !

LE BARON.

Il doit y avoir des lois..

LE PRÉSIDENT.

Contre la coquetterie des femmes? mon Dieu! non; c'est une lacune dans le code.

LE BARON.

Qu'est-ce que vous me contez là ? je vous parle de mon procès.

LE PRÉSIDENT.

Ils ont tous la rage de me parler procès. Je vous parle de madame la baronne.

LE BARON.

C'est elle qui mène tout.

LE PRÉSIDENT.

Au contraire, c'est elle qui a tout désorganisé en nous amenant ici le colonel Saint-Alve, qui est amoureux d'elle, et qui refuse un rôle.

LE BARON.

Ne voyez-vous pas que c'est à cause de mon procès? Que me conseillez-vous de faire?

LE PRÉSIDENT.

Je vous conseille d'accepter un rôle dans mon proverbe.

LE BARON.

Monsieur le président!

LE PRÉSIDENT.

Ce que femme veut, Dieu le veut.

LE BARON.

C'est justement mon affaire.

LE PRÉSIDENT.

Vous acceptez donc? et vous avez raison, baron. D'abord rien de plus amusant. J'ai justement là un rôle de vieux marin, un corsaire, forcé d'amener son pavillon devant une femme; cela vous ira parfaitement. Quatre lignes à dire, dont deux de *corbleu*, et de *morbleu?* ce n'est pas difficile à retenir.

LE BARON.

Corbleu! monsieur.

LE PRÉSIDENT.

C'est cela même; vous serez parfait.

LE BARRON.

J'aperçois madame la baronne. C'est vous qui m'avez conseillé de prendre M. de Saint-Alve pour arbitre dans ce procès.

LE PRÉSIDENT.

Encore?

LE BARON.

Vous allez, je l'espère représenter à madame la baronne..

LE PRÉSIDENT.

Des remontrances, moi.. n'y complez pas.. je ne veux pas perdre ma réputation d'homme du monde.

LE BARON.

Morbleu!...

LE PRÉSIDENT.

Oh! comme c'est nature!...

SCÈNE XIV.

LES MÊMES, MADAME DE WOLF.

MADAME DE WOLF.

Que vient-on de m'apprendre?... Le baron Desormes chez moi; et je ne l'ai pas encore vu... C'est bien aimable à vous, mon cousin, d'avoir accepté mon invitation... Combien je suis enchantée...

LE BARON, *à part.*

Je n'en crois rien...

MADAME DE WOLF.

Ah! ah! vous voilà en conférence secrète avec monsieur de Monglave...

LE PRÉSIDENT.

Du tout, madame... Vous savez que je suis incapable de parler de choses sérieuses... D'ailleurs en ce moment mon cœur est trop préoccupé. (*D'un ton pathétique*) Ah! madame de Wolf!...

MADAME DE WOLF.

Quoi donc, monsieur?

LE PRÉSDEINT.

Madame de Volf, prenez-y garde... Vous me ferez faire un coup de tête... Je ne vous dis que cela... Je suis capable d'un coup de tête... (*Il sort.*)

SCÈNE XV.

MADAME DE WOLF, LE BARON.

MADAME DE WOLF, *riant.*

Il a perdu le sens!...

LE BARON.

Je le crois aussi, mais je n'y tiens pas... Ce qui m'intéresse, madame, c'est le procès qui nous divise... Ma
cause était bonne hier... Depuis ce matin, elle est devenue
fort mauvaise... Je vous propose un arrangement... La décision de M. de Saint-Alve est encore inconnue... Je le suppose, si elle est juste, elle doit me rendre toute la fortune
de mon père. Dans le temps, vous offriez d'annuler le procès, si je vous cédais un tiers... je vous le cède...

MADAME WOLF, *lui faisant une profonde révérence.*

Bien reconnaissante, mon cousin, mais tenez, franchement, ce serait abuser de votre générosité.

LE BARON.

Cette plaisanterie, madame...

MADAME DE WOLF.

Est très-sérieuse... vous avez voulu le procès... Nous y
tenons ... ne fût-ce que pour nous conformer à votre
goût.

LE BARON.

Quoi! vous qui alors me pressiez tant d'entrer en arrangement...

SCÈNE XVI.

LES MÊMES, CAROLINE.

CAROLINE.

Ah! madame... dois-je croire ce que je viens d'entendre?
Quel bonheur!... Est-il possible?

LE BARON.

Quoi donc?

CAROLINE.

Mon frère était dans le jardin à causer avec votre sœur

lorsque le président s'est approché d'eux.. Il a parlé à mon frère à haute voix... Saint-Alve s'échauffait... Je suis accourue et j'ai entendu votre sœur dire ces mots : Rassurez-vous, monsieur de Monglave, le colonel va devenir mon mari...

MADAME DE WOLF.

Déjà !

LE BARON.

Son mari! (*A madame de Wolf.*) Madame, je vous offre moitié.

MADAME DE WOLF, *seconde révérence.*

Je suis on ne plus touchée ; mais vous n'y pensez pas, monsieur le baron.

SCÈNE XVII.

LES MÊMES, ALFRED, ADRIEN.

ADRIEN, *à Alfred.*

Oui, monsieur, mon cousin vient de me dire à l'instant : qu'Alfred obtienne Caroline d'elle-même; pour moi je la lui donne de bon cœur.

CAROLINE.

Qu'entends-je ?

ALFRED.

Ah! mademoiselle !

MADAME DE WOLF.

Mais c'est un point convenu.

LE BARON, *les regardant.*

C'est un vrai guet-à-pens. Madame, voulez-vous les deux tiers?

MADAME DE WOLF, *troisième révérence.*

On est pas plus accommodant; désolée que ce soit impossible.

LE BARON.

Impossible, madame! j'espère que c'est assez clair.. mais cela ne se passera pas ainsi, le monde sera instruit ; on y entendra ma voix; je publierai partout l'indignité de M. de Saint-Alve.

CAROLINE.

Que dit-il !

ALFRED.

Mon cousin !

ADRIEN.

Doucement, monsieur, s'il vous plaît; Saint-Alve est mon cousin, et quoique je soit jeune, je ne dois pas souffrir.

LE BARON.

C'est fort bien, monsieur, c'est fort bien; mais vous avez un cousin, qui me vole net 600,000 francs.

ADRIEN.

Monsieur le baron, on ne tient pas de ces discours quand on a soixante ans.

ALFRED.

En effet, mon cousin, vous qu'on dit si loyal, vous fûtes militaire, vous devez penser qu'à votre âge..

LE BARON.

Monsieur, monsieur, l'âge ne fait rien à l'affaire; et quand on me vole, quand on m'assassine, il m'est bien permis. +

MADAME DE WOLF.

Eh ! monsieur, de grâce, songez donc au scandale.

LE BARON.

Du scandale ! oui, madame, j'en ferai. Je crierai partout, j'en ai le droit, je veux crier pour six cent mille francs.

SCÈNE XVIII.

Les Mêmes, EUGÉNIE, SAINT-ALVE, LE PRÉ-

SAINT-ALVE.

Qu'est-ce donc, mon cher Alfred?

ALFRED.

C'est ce malheureux procès.. Le baron Désormes prend feu.

LE BARON.

Il n'y a pas de quoi peut-être; comme si j'étais un agent

de change pour perdre six cent mille francs sans que ça me gêne.

SAINT-ALVE, *avec insouciance.*

Comment! c'est du procès qu'il s'agit.. oh! alors c'est différent; querellez tant que vous voudrez, je ne m'en mêle plus. (*Il s'assied.*)

LE BARON.

Quelle audace! de mon temps on fesait aussi de ces choses là, mais au moins on y mettait des formes.. Savez-vous bien, monsieur, que je puis attaquer votre décision, sinon devant les tribunaux, du moins devant l'opinion des hommes?

SAINT-ALVE.

Comme il vous plaira, monsieur, pour peu que ça vous soit agréable.

LE BARON.

Je ferai casser votre arrêt.

SAINT-ALVE.

Ah! mon Dieu! je n'y tiens pas du tout.

LE BARON.

AIR : *du Calife de Bagdad.*

Ah! ce sang-froid me désespère!

ALFRED.

Jamais je ne le vis ainsi........

CAROLINE.

Daignez lui répondre, mon frère....

ADRIEN.

Daigne t'expliquer, mon ami....

SAINT-ALVE.

Mes chers amis, dans cette fête,
Quand le plaisir pour nous s'apprête,
A quoi bon parler de procès,
Moi, je ne les aimai jamais....

LE BARON.

Corb'eu!
Morbleu!

LE PRÉSIDENT, *à part.*

Grand Dieu!
Quel jeu!...

SAINT-ALVE.

A quoi bon parler de procès!
Moi, je ne les aimai jamais!

LE BARON.

Vous sembliez me braver, monsieur; mais cela ne m'empêchera pas de dire, de publier partout, qu'il n'y a qu'un homme.

SAINT-ALVE, *se levant noblement.*

N'achevez pas, monsieur le baron, et gardez-vous bien, vous, dont la vie fut toujours un exemple de loyauté, de flétrir vos cheveux blancs par une insulte qu'il ne serait plus en votre pouvoir de réparer. Vous avez servi l'état, je l'ai servi comme vous; les militaires de la vieille France sont dignes de rendre justice à ceux de la nouvelle.

LE BARON, *étonné.*

Monsieur...

SAINT ALVE.

Vous attaquez à mon honneur... quelle défense ai-je contre vous? allons, allons, monsieur le baron, vous ne pensez pas, j'en suis sûr... vous ne pouvez pas penser à l'injure que vous alliez me faire.

LE BARON, *un peu ébranlé.*

Certainement, monsieur... j'ai peut-être été vif; mais six cent mille francs...

SAINT-ALVE.

Valent-ils la réputation d'un homme qui fut toujours irréprochable?. je vous en fais juge.

LE BARON, *très-ému.*

C'est vrai, monsieur, je vous prie d'excuser ce que j'allais dire.

SAINT-ALVE, *avec grâce.*

Ah! je n'en voulais pas tant. (*Au président.*) monsieur le président!

LE PRÉSIDENT, *à part.*

Toujours le nom de ma charge.. que c'est fatigant!.. (*Haut.*) Monsieur..

SAINT-ALVE.

Je vous ai remis tantôt un écrit cacheté.

LE PRÉSIDENT

Le voilà, monsieur.. j'ai bien l'honneur..   *pour*

SAINT-ALVE, *l'arrêtant.*

Pardon, monsieur le président, mais dans la position
où je me trouve, c'est à vous de rompre le cachet. En
votre qualité de magistrat.

LE PRÉSIDENT, *à part.*

Magistrat! magistrat! (*Il décachette.*) Voilà.. Monsieur,
permettez-moi...

SAINT-ALVE, *l'arrêtant encore.*

Pardon, je réclame aussi de vos bontés, la lecture de
cet écrit.

LE PRÉSIDENT.

Vouloir me faire décréter dans un salon.

SAINT-ALVE, *avec grâce.*

C'est une faveur que je vous demande.

LE PRÉSIDENT.

Monsieur... (*Lisant.*) « Moi, Théodore-Lucien, comte
» de Saint-Alve, colonel en retraite, commandeur ..»

SAINT-ALVE.

Passez... passez.

LE PRÉSIDENT.

« En vertu des pouvoirs de souverain arbitre qui m'ont
» été conférés par les deux parties, considérant... »

SAINT-ALVE.

Passez les *considérant.*

LE PRÉSIDENT, *à part.*

C'est toujours ça de moins... Hom!... hom... (*Il lit.*)
« Je déclare la contre lettre signée *comte d'Erli*, bonne
» et valable; et décide, selon mes pouvoirs, que le baron
» Désormes doit rentrer dans tous les biens de son père. »

TOUS.

Ciel!

LE BARON.

Qu'entends-je... Ah! monsieur, que je suis heureux de
vous avoir déjà demandé pardon!

EUGÉNIE.

Ah! monsieur... quelle joie j'éprouve!

MADAME DE VOLF, *piquée.*

Oui, je vous conseille d'être satisfaite.

SAINT-ALVE.

Madame... et vous, ma chère Eugénie !

AIR : *Ce que j'éprouve en vous voyant.*

Si j'avais trahi mon devoir,
J'aurais perdu votre tendresse ;
Si vous n'avez plus de richesse,
Sans rougir, vous pouvez me voir.
N'ai-je pas rempli votre espoir ?
Payez-moi d'un tel sacrifice,
En acceptant à votre tour
Ma fortune.... afin qu'en ce jour,
Ce que vous ravit ma justice,
Vous soit rendu par mon amour.

EUGÉNIE.

Ah ! mon ami... puis-je accepter ?...

ADRIEN.

Vous le pouvez, belle dame... Le bonheur de mon cousin vous l'ordonne, et le code le permet.. article...

SAINT-ALVE.

Vous voyez qu'il n'y a pas moyen de résister.

MADAME DE WOLF.

Chère Eugénie, rien ne manquera donc à ton bonheur.

LE BARON.

Maintenant, ce qui me console d'avoir gagné mon procès, c'est que vous êtes tous riches, tous heureux... et que n'ayant pas d'autres parens, vous serez naturellement mes héritiers... Seulement, vous me permettrez de vous faire attendre le plus long-temps possible.

ALFRED, *riant.*

Nous vous en prions même, mon cousin.

MADAME DE WOLF.

Ainsi, cet arrêt que nous attendions aujourd'hui avec tant d'impatience...

CAROLINE.

Était rendu depuis hier, madame.

MADAME DE WOLF, *avec grâce.*

Comme je serais honteuse, colonel, si ce n'était pas pour ma sœur que j'eusse cherché... Mais avouez que vous avez eu peur de moi.

SAINT-ALVE, *avec grâce.*

C'est que je pensais au proverbe de monsieur le président.

LE PRÉSIDENT.

Ah! j'espère que maintenant...

SAINT-ALVE.

Maintenant, j'accepte un rôle... car il me semble que toute ma gaîté est revenue... (*A Eugénie.*) J'ai six ans de moins aujourd'hui. Mais je n'accepte plus les fonctions d'arbitre, surtout quand il y aura de jolies femmes dans la cause... c'est trop dangereux.

AIR : *De la Mère au bal.*

CHŒUR.

Que le plaisir et la folie
Embellissent ces doux instans;
Cette fête réconcilie
Et les plaideurs et les amans.

EUGÉNIE, *au public.*

AIR d'*Aristippe.*

Des jeux de la scène idolâtre,
Et maître de notre destin,
Le public toujours au théâtre
Est notre arbitre souverain.
Mais ici, lorsqu'à plus d'un titre,
Vous avez le droit de sévir,
On peut tanter de séduire l'arbitre.
Ah! puissions-nous y réussir !

FIN.

PIÈCES NOUVELLES

Lambert Simnel, ou le Mannequin politique, comédie en cinq actes et en prose, par MM. Picard et Empis.

Louis XI à Péronne, comédie historique en cinq actes et en prose, par M. Mély-Janin.

L'Homme habile, ou Tout pour parvenir, comédie en cinq actes et en vers par M. d'Epagny.

Françoise de Rimini, tragédie en cinq actes, par M. Constant Berrier.

L'Arbitre, ou les Séductions, comédie - vaudeville en deux actes, par MM. Théaulon et Paulin.

M. Jovial, ou l'Huissier chansonnier, vaudeville en un acte, par MM. Théaulon et Gustave.

Trente années d'un Joueur, drame en trois actes et en prose, par MM. Victor Ducange et Frédérick.

Le Hussard de Felsheim, comédie-vaudeville en trois actes, par MM. Dupeuty, de Villeneuve et ***.

L'Enthousiaste, comédie en trois actes et en vers, par M. J. Léonard.

Paris et Bruxelles, comédie-vaudeville en deux actes, par MM. Théaulon, Etienne et Gondelier.

L'Egoïste par régime, comédie-vaudeville en un acte par MM. Delongchamps et Ferdinand Laloue.

Les Deux Héritages, ou Encore un Normand, comédie-vaudeville en un acte. par MM. Désaugiers et Simonnin.

Le Bon Père, comédie en un acte de Florian, arrangée en vaudeville par MM. Dartois, Achille et Ferdinand.

Stanislas, ou la Sœur de Christine, vaudeville en un acte, par M. Théaulon.

Recette pour marier sa fille, comédie-vaudeville en un acte, par MM. Mélesville et Raoul.

Tony, ou Cinq années en deux heures, comédie-vaudeville en deux actes par MM. Brazier, Mélesville et Carmouche.

Le Courrier des théâtres, ou la Revue à franc-étrillier, folie-vaudeville en cinq relais, par MM. Théaulon, Th. Anne et Gondelier.

Le Palais, la Guinguette et le Champ de bataille, prologue d'inauguration du théâtre le Cirque - Olympique, par MM. Brazier, Carmouche et Dupeuty.

L'Oncle Philibert, comédie en un acte et en prose, par MM. Bayard et G. de Wailly.

Le Maître de forges, comédie-vaudeville en deux actes, par MM. Dumersan, Gabriel et Brazier.

www.ingramcontent.com/pod-product-compliance
Lightning Source LLC
LaVergne TN
LVHW022156080426
835511LV00008B/1427